UNIVERSITÉ DE FRANCE.

FACULTÉ DE DROIT DE STRASBOURG.

ACTE PUBLIC
SUR LE TEMPS REQUIS
POUR PRESCRIRE.

*Qui sera soutenu à la Faculté de Droit de Strasbourg, le Mardi
6 Mai 1828, à 4 heures après midi,*

POUR OBTENIR LE GRADE DE LICENCIÉ EN DROIT,

PAR

CHARLES-ÉMILE GABRIEL,

BACHELIER ÈS-LETTRES ET EN DROIT,

D'ÉPINAL (DÉPARTEMENT DES VOSGES).

STRASBOURG,

De l'imprimerie de F. G. LEVRAULT, imprimeur de la Faculté de droit.

1828.

A LA MÉMOIRE

DE MA MÈRE.

A MON PÈRE.

*Comme un faible témoignage de ma reconnaissance
et de mon attachement.*

C. E. GABRIEL.

M. Arnold, Doyen de la Faculté de Droit.

EXAMINATEURS :

MM. Arnold,
    Thieriet de Luyton, } Professeurs.
    Kern,
    Briffault............ Professeur-Suppléant.

*La Faculté n'entend approuver ni désapprouver les opinions
particulières au Candidat.*

TEMPS REQUIS POUR PRESCRIRE.

Notions préliminaires.

Il paraît que la prescription remonte aux temps les plus reculés, et qu'elle est aussi ancienne que la propriété. Dans l'origine elle n'était sans doute autre chose que le droit du premier occupant[1]; elle s'acquérait et se conservait par la possession de fait, et se perdait avec elle.

Mais par la suite, le droit de propriété étant consolidé parmi les hommes réunis en société, l'on sentit le besoin d'assujettir la prescription à de certaines règles déterminées, et de simple occupation elle devint bientôt une possession soumise aux conditions fixées par la loi.

Plusieurs jurisconsultes célèbres ont agité la question de savoir, si la prescription est fondée sur le droit naturel, ou bien, si elle est entièrement du droit civil. Quelques-uns d'entre eux[2] soutiennent cette dernière thèse, en se fondant sur l'axiome qu'il est contraire à l'équité de s'enrichir aux dépens d'autrui.[3]

---

1 L. 5, §. 1, *D. pro derel.*

2 Tels que Cujas, *ad leg.* 1, *D. de usurp. et usucap.;* Ferrières, sur le titre 6, liv. 2, des Institutes.

3 L. 206, *D. de regul. jur.*

D'autres[1] professent la doctrine contraire, et soutiennent que la prescription est fondée sur la loi naturelle, qui commande au propriétaire le soin de sa propriété, qui exige qu'un créancier ne néglige point ses droits pendant un trop long espace de temps, et qui ne permet pas de laisser des tiers détenteurs ou des débiteurs dans une trop longue incertitude, de les dépouiller d'une longue possession ou de droits acquis depuis un long espace de temps, et de troubler ainsi la paix des familles et de la société. Quant à moi, quelles que soient les raisons alléguées par ces derniers auteurs, quelque respect que j'aie pour leur opinion, je ne saurais l'adopter, et je pense que la prescription est entièrement de Droit civil, qu'elle est même, dans le plus grand nombre de cas, contraire au Droit naturel, et qu'en général elle répugne au for intérieur. Et, en effet, quoi de plus injuste que de dépouiller un propriétaire légitime de ses biens ou de ses droits, parce qu'il aurait cessé d'en jouir ou de les exercer pendant un certain temps? Quoi de plus injuste que d'affranchir un débiteur d'une dette qu'il n'a point acquittée? C'est aussi sous ce rapport qu'avec raison JUSTINIEN appelle la prescription *impium præsidium*[2]. Sans doute, il est des cas où le for intérieur nous autorise d'invoquer ou d'opposer la prescription. Il peut se faire que des titres se perdent et qu'un propriétaire véritable se trouve hors d'état de prouver son droit de propriété : ou qu'un débiteur ait perdu les quittances justifiant sa libération; dans des cas semblables la loi naturelle nous permet d'invoquer une longue possession, qui vient remplacer notre titre, ou le long silence du créancier, qui nous tient lieu d'une quittance pour un paiement que nous avons réellement fait. C'est alors que la prescription devient

---

1 Tels que GROTIUS, *De jur. bell. et pac.*, liv. 2, chap. 4; VATEL, Droit des gens, liv. 2, chap. 11, n.° 141; PUFENDORF, *Jus nat. et gent.*, chap. 9 et suiv., et DUNOD, Traité des prescriptions, part. 1, chap. 1, p. 2.

2 Nov. 9.

notre sauve-garde, et, sous ce rapport, les jurisconsultes l'ont appelée, à juste titre, *patrona generis humani*. Mais ces motifs ne me paraissent point suffisans pour admettre que son fondement se trouve dans la loi naturelle; dans les différens cas, même les plus favorables, que je viens de citer, cette loi ne fait qu'approuver un moyen qui tient son origine du droit civil, mais qui est repoussé par le droit naturel dans une infinité d'autres cas, où il est évident que la prescription sanctionne des spoliations et favorise la mauvaise foi.

Aussi a-t-il fallu au législateur de puissans motifs pour introduire un moyen odieux par lui-même. L'intérêt public, la protection due au commerce, la conservation de la paix dans les familles, exigent que les fortunes ne restent point dans une incertitude perpétuelle. *Bono publico usucapio introducta est, ne scilicet quarumdam rerum diu et fere semper incerta dominia essent, cum sufficeret dominis ad inquirendas res suas statuti temporis spatium.*[1]

D'un autre côté, la loi a voulu punir avec raison la négligence de celui qui abandonne ses droits pendant un trop long espace de temps, et qui ne peut imputer qu'à sa propre faute les effets de la prescription qu'on lui oppose.

La prescription ayant été introduite pour cause d'utilité publique, la loi défend aux particuliers d'y renoncer avant qu'elle ne soit acquise; car il n'est point permis de déroger par des conventions privées aux lois qui intéressent l'ordre public.[2]

D'un autre côté, s'il n'en était point ainsi, l'on verrait bientôt des créanciers éluder les dispositions bienfaisantes de la loi, en contraignant leurs débiteurs à renoncer d'avance à la prescription.

Mais on peut y renoncer lorsqu'elle est accomplie; alors elle appartient aux particuliers, et il est libre à chacun de renoncer aux bienfaits de la loi.

---

1 L. 1, *D. de usurp. et usuc.*

2 Art. 6 et 1133, 2220 et 2221 du Cod. civ.; L. 38, *D. de pact.;* Dunod, Tr. des prescriptions, part. 1, chap. 14, p. 112.

Cette renonciation peut être expresse ou tacite. La renonciation tacite résulte d'un fait qui suppose l'intention d'abandonner le moyen résultant de la prescription; par exemple, lorsqu'on restitue au véritable propriétaire la chose acquise par prescription, lorsque le débiteur paie une dette qui est éteinte, ou lorsqu'il demande des termes pour le paiement. [1]

Il est si vrai que la loi abandonne le moyen de la prescription à la bonne foi et à la conscience de celui qui l'a acquise, qu'en matière civile elle n'a point d'effet de plein droit; il faut qu'elle soit opposée ou invoquée par celui qui veut en profiter; d'où il suit que le juge ne peut la suppléer d'office, en cas de silence de la part de celui qui pourrait la faire valoir [2]. Dunod pense [3] que, s'il était question d'une fin de non-recevoir, par exemple d'une action en rescision de vente, après le délai fatal, le juge doit suppléer le moyen de la prescription d'office. Cette opinion me paraît contraire au texte formel de l'article 2223 du Code civil.

Chez les Romains la prescription était inconnue avant la loi des XII tables; cette loi en contient les premiers vestiges : *Usus auctoritas fundi biennium, ceterarum rerum annuus usus esto* [4]; mais à cette époque la prescription appelée *usucapion* [5] n'était autre chose que l'acquisition du domaine par la possession continuée pendant le laps de temps requis par la loi. L'on ne pouvait acquérir par l'usucapion que les choses appelées *res mancipi*; tels que le mobilier en général, les esclaves et les fonds de terre situés en Italie. Quant aux choses appelées *res nec mancipi*, tels que les immeubles des provinces qui n'étaient possédés que sous l'auto-

---

1 Art. 2221, Cod. civ.; Dunod, part. 1, chap. 14, p. 109.

2 Art. 2223, Cod. civ.

3 Page 110.

4 Bouchaud, Commentaire de la Loi des XII tables, tab. 6, Loi 5, *De dominio et possessione.*

5 *Quod captum per usum.*

rité et le domaine du peuple romain, les animaux sauvages, et en général toutes les choses à raison desquelles les particuliers n'avaient point de domaine quiritaire, mais seulement celui appelé bonitaire, c'est-à-dire l'usage et la possession, elles ne pouvaient être acquises par l'usucapion [1]; mais il fut bientôt suppléé à celle-ci, tant par les édits des préteurs, que par les constitutions des empereurs, qui introduisirent la prescription comme une exception que celui qui avait possédé pendant un long espace de temps pouvait opposer à celui qui venait revendiquer la chose possédée [2]. Cette prescription, appelée *longi temporis præscriptio*, était invoquée avec succès dans tous les cas où l'usucapion ne pouvait avoir lieu. Bientôt l'empereur Théodose le Grand introduisit celle de trente ans, appelée *longissimi temporis præscriptio* [3], et l'empereur Anastase, celle de quarante ans. [4]

L'on voit que dans l'ancien Droit romain il existait des différences essentielles entre l'usucapion et la prescription : la première tire son origine du droit civil [5]. La prescription fut introduite par les édits des préteurs et les constitutions des empereurs [6]. Par l'usucapion l'on n'acquérait que les choses corporelles, et seulement celles appelées *res mancipi* [7]. La prescription s'appliquait aux choses incorporelles et à celles *nec mancipi*. L'usucapion exigeait deux ans pour les immeubles et un an pour les meubles : pour la prescription il fallait trois ans pour les meubles; dix ans entre présens et vingt ans entre absens pour les immeubles [8]. L'usucapion avait pour

---

1 Bouchaud, tab. 3, *adversus hostem æterna auctoritas esto.*
2 Heinecc., *Syntag. ant. Roman., tit. de usucapion.*
3 L. 3, C. de præscr. 3o vel 4o ann.
4 Loi 4 et suiv., C. de præscr. 3o vel 4o ann.
5 Loi des XII tables, tab. 6, loi 5.
6 Heinecc., *Syntag. ant. Roman., tit. de usuc.,* §. 7.
7 Pr. I. de usuc.
8 L. un. C., de usuc. transform.

6

effet d'acquérir le domaine *quiritaire* et de produire l'action appelée *rei vindicatio;* elle donnait à la fois l'action et l'exception : la prescription ne donnait qu'une exception, qui fut cependant suppléée en certains cas seulement par l'action utile. [1]

L'empereur Justinien introduisit un nouveau droit; il abolit la différence qui existait entre les domaines *quiritaire* et *bonitaire* [2], entre les choses *mancipi* et *nec mancipi*, et ne laissa plus subsister la moindre différence entre l'usucapion ancienne et la prescription de long-temps, *longi temporis præscriptio*, depuis sa Constitution de l'an 531. [3]

La prescription a été admise dans l'ancienne législation française; mais rien ne variait plus que le temps requis pour prescrire. Celle de très-longtemps, *longissimi temporis præscriptio*, qui n'exige ni titre, ni bonne foi, fut suivie dans les provinces de Droit écrit et dans les pays régis par les Coutumes. La prescription de long-temps, *longi temporis præscriptio*, c'est-à-dire celle de dix et vingt ans, avec titre et bonne foi, ne fut adoptée que par le Droit coutumier; dans les pays de Droit écrit elle n'était admise dans aucun autre cas que contre l'action hypothécaire. [4]

Les prescriptions de trente ans, de dix et vingt ans, ont été admises par notre Code [5], qui distingue en général la prescription en celle à fin d'acquérir, *præscriptio acquisitiva*, par laquelle on acquiert la propriété d'une chose par la possession qu'on en a eue pendant le temps fixé par la loi, *acquisitio juris in re* [6], et en

---

1 L. 13, §. 1, D. *de jurej. sive vol. sive necess.*

2 L. *un.*, C. *de nudo jur. quir. toll.*

3 L. *un.*, C. *de us. transf.*

4 Domat, Lois civ., part. 1, livre 3, tit. 7, sect. 4, préamb.; Guyot, Répert. de jurispr. civ., au mot *Prescription;* Cout. de Paris, art. 113 et 118; Maleville, Analyse raisonn. de la discuss. du Code civ.

5 Art. 2262 et 2265, Cod. civ.

6 L. 3, D. *de usurp. et usua.*

celle à fin de se libérer, *præscriptio extinctiva*, dont l'effet est
d'éteindre par un certain laps de temps une obligation, *extinctio
juris ad rem.*

La prescription à fin de se libérer n'exige point d'autre condition que le laps de temps requis par la loi; mais celle à fin d'acquérir a besoin en outre de plusieurs autres conditions, qui ne font
point l'objet de cette Thèse, où il n'est question que du temps requis pour prescrire.

Dispositions générales.

Conformément au Droit romain, le Code civil veut que la prescription se compte par jour et non par heures [1]. Il résulte de cette
disposition que, lors même qu'on aurait acquis un immeuble le
20 Avril 1818 avant midi, la prescription de dix ans ne sera accomplie que le 20 Avril 1828 à minuit, et que jusques-là elle peut
être valablement interrompue.

Les lois romaines ont établi une distinction entre les prescriptions appelées favorables, telles que celles qui exigeaient un juste
titre et la bonne foi, et les prescriptions regardées comme odieuses, telles que celle de trente ans, et en général toutes celles où
l'on n'examinait pas la bonne ou mauvaise foi, au nombre desquelles se trouvent toutes celles à fin de se libérer. Les premières
étaient accomplies dès que le dernier jour du terme était com-
mencé : *etiamsi minimo momento novissimi diei possessa res sit,
repletur usucapio.* [2]

Les prescriptions, au contraire, appelées odieuses, n'étaient accomplies que lorsque le dernier jour du terme était entièrement ex-

---

1 Cod. civ., art. 2260; *L. 6 et 7, D. de usurp. et usuc.; L.* 134*, D. de verb. sig.*
2 *L. pen., D. de div. temp. præscript.*

piré : *nisi novissimus totus dies compleatur, non finis obliga-*
tionum. [1]

Notre Code a sagement aboli cette distinction subtile; il a établi
une règle uniforme, en ordonnant que toutes les prescriptions, de
quelque nature qu'elles puissent être, ne sont acquises qu'après
l'expiration du dernier jour du terme. [2]

Pour compléter le temps requis pour prescrire, un successeur peut
compter celui pendant lequel son auteur a prescrit, de quelque manière qu'il lui ait succédé, soit à titre universel ou particulier, soit
à titre lucratif ou onéreux [3]. Cependant il me semble que l'article
2235 du Code civil demande quelqu'explication, et qu'il faut
faire une distinction entre la prescription trentenaire et celle de
dix et vingt ans, entre le successeur à titre universel et celui à
titre particulier.

Lorsqu'il s'agit de la prescription trentenaire, le successeur,
n'importe de quelle manière il ait succédé, soit à titre universel,
soit à titre particulier, peut compter, pour accomplir la prescription, le temps pendant lequel son auteur a prescrit, celui-ci eût-il
même été de mauvaise foi; car nous verrons bientôt qu'elle n'exige
ni titre ni bonne foi. Quant à la prescription de dix et vingt ans,
le successeur universel et celui à titre particulier ne peuvent invoquer la prescription de leur auteur, que lorsque celui-ci a été de
bonne foi, et qu'il avait un juste titre. Si, au contraire, il a été
de mauvaise foi, le temps pendant lequel il a prescrit ne profite
point au successeur universel, qui est même empêché de com-
mencer de son chef la prescription de dix et vingt ans, malgré son
juste titre et sa bonne foi; car l'héritier, étant la continuation de
la personne du défunt, ne peut avoir plus de droits ni une autre

---

1 *L.* 6, *D. de oblig. et act.*
2 Art. 2261, Cod. civ.
3 *Id.*, art. 2235.

possession que son auteur, qui lui transmet tous ses droits, et par conséquent aussi tous ses vices[1]. Il en est autrement quant au successeur à titre particulier : un donataire, par exemple, ou l'acquéreur d'un immeuble, a une cause de possession qui lui est propre, et sans pouvoir invoquer la possession de son auteur, dans la supposition que celui-ci était de mauvaise foi, il peut prescrire de son chef par dix et vingt ans, lorsqu'il est lui-même de bonne foi.[2]

Le temps requis pour prescrire varie selon les différentes espèces de prescriptions. Les prescriptions à fin de se libérer, *extinctivæ*, et les prescriptions à fin d'acquérir sans titre ni bonne foi, requièrent, pour s'accomplir, le laps de temps de trente ans. Pour celles à fin d'acquérir avec juste titre et bonne foi, la loi exige dix ans entre présens et vingt ans entre absens. Enfin, le Code civil indique quelques prescriptions particulières pour lesquelles le temps varie selon leur objet.

§. 1.er

De la prescription trenténaire.

De même que dans le Droit romain, l'on trouve dans notre ancienne législation des prescriptions pour lesquelles il fallait un laps de temps au-delà de trente ans, telle que celle de quarante ans, à laquelle étaient soumis les biens d'église, les choses fiscales, le domaine patrimonial du prince, l'action hypothécaire à l'égard du débiteur ; celle de cent ans, et enfin, la prescription immémoriale.[3]

Notre Code a supprimé toutes ces sortes de prescriptions ; il n'en admet point au-dessus du terme de trente ans. Un aussi long espace

---

1 §. 7 , I. *de usuc. et long. temp. præscript.*; L. 11 , C. *de acquir. vel retin. possess.*

2 L. 5, D. *de divers. temp. præscript.*; L. 3 , C. *de peric. et commod. rei vendit.*

3 Dunod, chap. 13, pag. 211 ; L. 4, C. *de præscr.* 30 *vel* 40 *an.*; L. *ult.*, C. *de fund. patrim.*; L. 24 , C. *de sacrosanct. eccles.*; Nov., 9; L. 2, pr. D. *de aqua pluv. arc.*; L. 3 , §. 4 , D. *de aqua quotid.*

de temps doit suffire, en effet, pour mettre le possesseur ou le débiteur à l'abri de toutes recherches , et pour éteindre toutes les actions, soit réelles, soit personnelles. C'est pourquoi, et pour éviter de nombreuses contestations sur des prescriptions commencées autrefois, le Code a sagement ordonné par son dernier article, que toutes celles commencées avant sa publication, et pour lesquelles il faudrait plus de trente ans d'après les anciennes lois, sont accomplies par le terme de trente ans. [1]

L'État, les établissemens publics, les communes, sont soumis aux mêmes prescriptions que les particuliers; le terme fixé par le Code est le même pour tout le monde. En général, et à moins que leur durée ne soit limitée à un terme moins long par des dispositions de lois spéciales [2], toutes les actions, tant réelles que personnelles, ainsi que les actions mixtes, se prescrivent par le délai de trente ans, sans que l'on puisse exiger de celui qui prescrit la production d'un titre; et sans que l'on puisse lui opposer l'exception déduite de la mauvaise foi. [3]

Comme moyen d'acquérir, la prescription trentenaire n'exige d'autres conditions que la possession civile, c'est-à-dire une possession continue, non interrompue, paisible, publique, non équivoque et à titre de propriétaire [4]. Comme moyen de libération, la prescription de trente ans, fondée sur la présomption de paiement ou de remise de la dette, n'exige d'autre condition que le silence du créancier, qui, après un laps de temps aussi long, ne peut imputer qu'à sa propre faute les suites de la prescription, pour avoir négligé de l'interrompre en exigeant le paiement. La loi attache tant

---

1 Art. 2281.

2 Telles que, par exemple, l'action en nullité ou rescision d'une convention, l'action du mineur contre son tuteur pour des faits relatifs à la tutelle qui se prescrivent par dix ans, art. 1304 et 475, Cod. civ.

3 Art. 2262, Cod. civ.

4 Art. 2229, *id.*

de force à la présomption de libération qu'elle fait résulter d'un aussi long silence du créancier, qu'elle ne lui permet même pas de déférer au débiteur le serment sur le fait de la remise ou du paiement de la dette.

Pour empêcher la prescription de courir et de s'accomplir contre le créancier d'une rente, la loi lui permet de contraindre son débiteur à lui fournir à ses frais un titre nouvel après vingt-huit ans de date du dernier titre [1]. Il est vrai qu'à la rigueur l'effet de l'ancien titre subsiste jusqu'après l'expiration du délai de trente ans, et qu'il a fallu, à cet égard, une disposition spéciale pour autoriser le créancier à exiger un titre nouvel avant ce terme; mais il était juste de lui accorder un délai raisonnable et suffisant pour prendre les précautions que son intérêt lui commande à l'effet d'empêcher la prescription de ses droits. Si ce délai était trop court, un obstacle momentané qui viendrait s'opposer à l'exercice de son action, l'exposerait facilement à perdre sa créance.

Mais il faut faire une distinction entre la rente foncière et la rente viagère. La première se prescrit par trente ans même pour le fond de la rente, si le créancier néglige de renouveler son titre avant l'expiration de ce laps de temps, et si la prescription n'a point été interrompue d'une manière quelconque, soit par la reconnaissance du débiteur ou autrement : mais à l'égard de la rente viagère, qui doit être acquittée pendant toute la vie du créancier et en proportion du nombre de jours qu'il a vécu [2], il n'y a de prescriptible que les arrérages; le fond de la rente n'est point soumis à la prescription. [3]

---

1 Art. 2263, Cod. civ.
2 Art. 1980, *id.*
3 Cour de Metz, du 28 Avril 1819. V. Sirey, t. 20, part. 2, p. 12.

§. 2.

De la prescription de dix et vingt ans.

J'ai déjà annoncé que la prescription des immeubles, de dix ans entre présens et vingt ans entre absens, n'avait été adoptée dans notre ancienne législation que par le Droit coutumier[1]. Dans les pays de Droit écrit, les immeubles ne pouvaient se prescrire que par trente ans[2]; mais on n'exigeait ni titre ni bonne foi, et l'on n'avait point égard à la présence ni à l'absence de celui contre lequel on prescrivait.

Suivant la loi des XII tables, il fallait un an pour prescrire les meubles, et deux ans pour les immeubles. La prescription de long-temps, *longi temporis*, exigeait trois ans pour les meubles, et dix ans entre présens et vingt entre absens pour les immeubles.[3]

Notre Code n'admet point la prescription pour les meubles; il consacre un principe qu'en fait de meubles la possession vaut titre.[4] La loi fait résulter du seul fait de la possession une présomption de propriété *juris et de jure*, qui dispense de toute preuve le possesseur d'une chose mobiliaire qui n'a été ni perdue ni volée : il en est réputé propriétaire aux yeux de la loi, et c'est en vain qu'un tiers l'attaquerait en justice pour la revendiquer, en offrant de fournir la preuve qu'elle lui appartient : une pareille action serait repoussée par une fin de non-recevoir fondée sur la possession. Cependant la force de cette présomption cesse dans deux cas d'exception, et celui qui a perdu, ou auquel il a été volé une chose mobiliaire, peut, pendant trois ans, à compter du jour de la perte ou du vol, la re-

---

1 Art. 113 et 118, Cout. de Paris.

2 Excepté toutefois l'action hypothécaire, qui était soumise à la prescription de dix et vingt ans.

3 *L. un., C. de usuc. transf.*

4 Art. 2279, Cod. civ.

vendiquer contre tout détenteur, sauf à ce dernier son recours contre celui duquel il la tient. Mais il est obligé de prouver le vol ou la perte, *actori incumbit onus probandi*, comme aussi de rembourser au possesseur actuel le prix qu'elle lui a coûté, s'il l'a achetée dans une foire, dans un marché, dans une vente publique, ou, enfin, d'un marchand vendant des choses pareilles; car dans ces différens cas la bonne foi de l'acheteur n'est point douteuse par les circonstances même de l'achat, et la faveur spéciale, nécessaire au commerce, devait dicter au législateur la disposition de l'article 2280 du Code civil.

Le Code civil admet la prescription de dix et vingt ans en faveur de tout possesseur qui a acquis un immeuble de bonne foi et par juste titre. Il en prescrit la propriété par un laps de temps de dix ans entre présens et vingt ans entre absens.[1]

Le Droit romain réputait absent celui qui n'avait point son domicile dans la province où était situé l'immeuble que l'on prescrivait[2]. L'ancienne jurisprudence française regardait comme absens ceux qui ne demeuraient point dans le même bailliage royal[3]. Notre Code répute absent, en matière de prescription, le véritable propriétaire, lorsqu'il ne demeure point dans le ressort de la Cour royale dans l'étendue de laquelle son immeuble que l'on prescrit est situé; il est regardé comme présent, lorsqu'il demeure dans ce ressort.[4]

Lorsque le véritable propriétaire a eu son domicile, en différens temps, dans le ressort et hors du ressort de la Cour royale, *il faut*, pour compléter la prescription, ajouter à ce qui manque aux dix ans de présence, un nombre d'années d'absence double de celui qui manque pour compléter les dix ans de présence[5]. Cette disposition n'est

---

1 Art. 2265.
2 *L. un.*, *Cod. de pr. long. temp.*
3 Cout. de Paris, art. 116.
4 Art. 2265, Cod. civ.
5 Art. 2266, *id.*

autre chose qu'un objet de calcul : il en résulte que, si, par exemple, le véritable propriétaire a eu son domicile pendant six années dans le ressort de la Cour royale où se trouve situé l'immeuble, et pendant quatre années hors de ce ressort, il faudra, en doublant le temps d'absence, quatorze années pour accomplir la prescription.

La bonne foi est la croyance dans laquelle le possesseur est, qu'il a légitimement acquis la propriété de la chose qu'il possède ; par exemple, s'il a acheté un immeuble de celui qu'il croyait en être le propriétaire, lors même qu'il ne l'était point réellement : *Bonæ fidei emptor esse videtur, qui ignoravit eam rem alienam esse, aut putavit eum qui vendidit jus vendendi habere, puta procuratorem aut tutorem.* [1]

Ce qui vient d'être dit, fait voir que celui qui savait que la chose qu'il a achetée n'appartenait point au vendeur, est de mauvaise foi et ne peut point prescrire en vertu de son contrat de vente. [2]

La bonne foi est toujours présumée, c'est à celui qui allègue la mauvaise foi à la prouver. [3]

Il suffit même, d'après notre Code, que la bonne foi ait existé au moment de l'acquisition, et la mauvaise foi survenue postérieurement n'est point en droit strict [4] un obstacle à la prescription. [5]

Cette disposition du Code est entièrement contraire à notre ancien Droit coutumier [6], qui exigeait la bonne foi pendant tout le temps requis pour prescrire. [7]

---

1 L. 109, *D. de verb. sign.*

2 L. 12, *D. de usurp. et usuc.*

3 Art. 2268, Cod. civ.

4 D'après le for intérieur, celui qui est de mauvaise foi un instant ne peut jamais prescrire.

5 Art. 2269, Cod. civ.

6 Et non au Droit écrit, où l'on n'admettait en général que la prescription de trente ans, sans titre et sans examen de bonne ou mauvaise foi.

7 Cout. de Paris, art. 113 et 114 ; Pothier, Tr. de la prescript. ; Dunod, part. 1, chap. 9, p. 42.

Outre la bonne foi, la prescription dont il s'agit dans ce para-
graphe exige un juste titre, c'est-à-dire une cause capable de transférer la propriété. Les titres sont *universels*, lorsqu'ils ont pour
objet de transférer à quelqu'un l'universalité des biens et des droits
qui appartenaient à une autre personne, tels sont les titres d'héritiers ou de légataires universels. Ainsi, lorsqu'un héritier trouve
dans la succession un immeuble, et qu'il le possède dans la croyance
qu'il était la propriété de son auteur, il le prescrit par dix et vingt
ans. [1]

L'on acquiert *à titre universel*, lorsqu'une quote-part des biens
appartenant à une autre personne, telle que le tiers, la moitié ou
une quotité fixe de tous ses immeubles, nous est transférée. Le
Code place dans cette catégorie les légataires *à titre universel*. [2]

Enfin, *les titres singuliers* sont ceux qui ont pour objet de nous
transférer une chose désignée ou un droit déterminé; tels sont les
contrats de vente, d'échange, la donation entre-vifs, le legs particulier et une infinité d'autres qu'il est impossible de rapporter dans
cette Dissertation : ainsi l'acheteur, le donateur ou le légataire, qui
possèdent un immeuble dans la persuasion qu'il appartenait à celui
dont ils tiennent leurs droits, peuvent valablement le prescrire par
dix et vingt ans. [3]

Le titre nul pour défaut de forme ne peut servir de base à la
prescription [4], d'après la règle : *melius est non habere titulum quam
vitiosum*. D'où il suit que celui qui a possédé un immeuble en
vertu d'un testament nul pour vice de formes, ne peut, au moyen
d'un pareil titre, invoquer la prescription de dix et vingt ans. Il

---

1 Art. 711, 724 et 1003 du Cod. civ.; *L. pen.*, *D. pro hered.*
2 Art. 1010, Cod. civ.
3 *L. 1 et seq.*, *D. pro empt.*; *L. 1*, *D. pro donat.*; *L. 1*, *D. pro legat.*; Art. 894,
1014, 1582, 1583, 1702 et 1703 du Cod. civ.
4 Art. 2267, Cod. civ.

en serait de même de celui, par exemple, qui aurait acquis en vertu d'un contrat de vente sous seing privé, renfermant des conventions synallagmatiques, non fait en autant d'originaux qu'il y a de parties contractantes ayant un intérêt distinct.[1]

L'on peut ranger dans la même catégorie celui qui aurait acheté d'un mineur, ou bien d'un tuteur, un immeuble appartenant au pupille, sans que le tuteur eût été autorisé et sans que les formalités prescrites par la loi eussent été préalablement observées[2]. Il ne peut point prescrire en vertu de son titre, puisqu'il est entaché d'un vice résultant de l'incapacité de celui qui lui a transmis ses droits.[3]

Mais, pour que le titre puisse être regardé comme vicieux et par conséquent incapable de servir de base à la prescription, il est nécessaire que la peine de nullité soit attachée à l'omission des formalités prescrites par la loi. C'est ainsi que l'on ne peut point prescrire en vertu d'une donation entre-vifs qui n'aurait point été passée devant notaire dans la forme ordinaire des contrats; la loi la frappe de nullité[4]. Il n'en est point de même lorsque l'omission d'une formalité n'entraîne point la nullité de l'acte. La loi exige, par exemple, que les donations d'immeubles devront être transcrites au bureau des hypothèques dans l'arrondissement duquel les biens donnés sont situés[5]. Mais la formalité de la transcription qui n'est qu'extrinsèque à l'acte et non substantielle, n'est point prescrite par le Code à peine de nullité, comme l'était autrefois la formalité de l'insinuation des actes de donation dans les registres publics tenus à cet effet[6]. La transcription aujourd'hui n'est prescrite que dans

---

1 Art. 1325, Cod. civ.

2 Art. 457, 458, 459, id.

3 DOMAT, L. civ., part. 1, liv. 3, tit. 7, sect. 5, art. 13 et 14; L. 2, §. 5, D. pro. empt.; L. 25, §. 6, D. de hered. petit.; L. 31, D. de usurp. et usuc.

4 Art. 931 et 1339, Cod. civ.

5 Art. 939, id.

6 Ordonnance de 1731, art. 27.

l'intérêt des tiers qui contracteraient avec le donateur postérieurement et dans l'ignorance de la donation, par exemple, dans l'intérêt des créanciers avec lesquels il se serait obligé, ou dans l'intérêt de ceux auxquels il aurait transféré à titre onéreux tout ou partie des biens dont il se serait dépouillé précédemment par une donation.

Il résulte de ces principes, qui ont été consacrés par une foule d'arrêts de cours royales et de la cour de cassation[1], que si le donataire a négligé de remplir la formalité de la transcription, les tiers, à qui le donateur aura conféré des droits postérieurement à la donation, peuvent lui opposer le défaut de transcription, mais seulement pendant le temps requis pour prescrire; mais si les créanciers hypothécaires, les acquéreurs ou donataires postérieurs négligent eux-mêmes de faire valoir leurs droits, et laissent le donataire en possession paisible pendant dix ou vingt ans, je pense que ce dernier leur opposera avec succès la prescription fondée sur un titre translatif de propriété et que la loi ne frappe point de nullité pour n'avoir pas été transcrit au bureau des hypothèques.

Enfin, le Code admet la prescription de dix ans en faveur des architectes et entrepreneurs, en les déchargeant après ce laps de temps de la garantie des gros ouvrages qu'ils ont faits ou dirigés.[2] Il est vrai que l'on ne peut guère s'assurer de la bonté et de la solidité des constructions que par l'épreuve du temps; mais une garantie trop longue eût été trop onéreuse pour les architectes et entrepreneurs, et la loi a sagement fixé un délai raisonnable qui paraît suffisant pour la sûreté des propriétaires.

---

1 Arrêts de la cour de Toulouse, du 11 Avril 1809, DENEV., vol. de 1809, pag. 184; de celle de Colmar, du 13 Décembre 1808; de celle de Montpellier, du 27 Février 1809.—Arrêts de la cour de cassation des 12 Décembre 1810 et 10 Avril 1815. V. SIREY, t. 11 et 15.

2 Art. 2270, Cod. civ.

§. 3.

De quelques prescriptions particulières,

Il y a une infinité de prescriptions particulières, réglées par des lois spéciales, au nombre desquelles l'on peut surtout ranger celles consacrées par le Code de commerce[1], le Code de procédure civile[2] et le Code d'instruction criminelle[3]; mais il est impossible de les rappeler toutes, et je me bornerai à parler de celles qui se présentent le plus communément en matière civile, et qui sont rapportées dans la section 4 du chapitre 5 du dernier titre du Code civil.

Elles s'accomplissent ou par six mois ou par un an, ou par deux, ou enfin par cinq ans. C'est ainsi que l'action des maîtres et instituteurs des sciences et arts pour les leçons qu'ils donnent au mois; celles des hôteliers et traiteurs à raison du logement et de la nourriture qu'ils fournissent; celle des ouvriers et gens de travail pour le paiement de leurs journées, fournitures et salaires, se prescrivent par le terme de six mois[4], conformément à la Coutume de Paris.[5] L'action des médecins, chirurgiens et apothicaires, pour leurs visites, opérations et médicamens; celle des huissiers pour le salaire des actes qu'ils signifient, et autres énumérées en l'article 2272 du Code civil, se prescrivent par un an.

Toutes les prescriptions dont il vient d'être parlé, devaient être soumises à un court délai; car elles sont fondées sur l'usage où l'on est de payer de suite les services et les fournitures qui en sont

---

1 Art. 64, 108, 151, 152, 155, 189, 432, 433, 434, etc.

2 Art. 23, 156, 597, et autres.

3 Art. 635 jusqu'à 640, et autres.

4 Art. 2271, Cod. civ.

5 Art. 125.

l'objet, et même le plus souvent sans prendre la précaution de s'en faire donner une quittance.

Il ne faut point perdre de vue que l'article 2272 du Code civil parle de l'action des *marchands* pour les marchandises qu'ils vendent aux particuliers *non marchands*. Il résulte des termes de cet article, que la prescription n'est point applicable aux marchandises fournies par un individu marchand à un autre qui l'est également. Cependant MALEVILLE fait une distinction pour les livraisons faites, de marchand à marchand, d'objets de leur commerce commun, d'avec les fournitures qui se font d'objets qui ne sont point la matière du commerce des deux : il pense que dans le premier cas la prescription n'est point applicable, mais qu'elle l'est dans le second, et conclut de là, qu'un banquier, par exemple, peut opposer la prescription d'un an à un boucher qui, après ce laps de temps, lui réclamerait le paiement des viandes qu'il lui aura fournies; mais je crois que cette distinction n'est point admissible, et qu'elle est repoussée par le texte formel de l'article cité. En effet, la loi exige avec raison la bonne foi la plus scrupuleuse de la part de ceux qui font le commerce; elle veut qu'ils tiennent des registres réguliers[1], dans lesquels ils devront inscrire non-seulement toutes leurs opérations commerciales, mais aussi toutes les sommes employées à la dépense de leurs maisons : ces registres, lorsqu'ils sont réguliers, font preuve entre commerçans[2]; c'est donc à celui qui ne s'est point conformé à la loi, qui n'a point tenu de registres réguliers, ou qui n'y a point inscrit le paiement des fournitures reçues, à supporter les suites de sa négligence, et le moyen de la prescription ne doit point venir à son secours : *Vigilantibus non dormientibus jura sunt scripta.*[3]

---

1 Art. 8 et suiv., Cod. de comm.
2 Art. 12, *id.*
3 DUNOD, Trait. des prescript., p. 168.

Suivant la Coutume de Paris [1], les cabaretiers n'avaient point d'action pour le vin et autres choses par eux vendus en détail aux particuliers domiciliés dans le même endroit où était établi leur auberge, afin de prévenir les débauches et les rixes que ces réunions occasionaient le plus souvent. Nos mœurs repoussent cette disposition, et notre Code ne l'a point admise. MERLIN [2] pense que les cabaretiers doivent être considérés comme traiteurs, et leur action, pour toutes les fournitures qu'ils font hors de leurs maisons, doit se prescrire par six mois. Il me semble qu'il est plus conforme à l'esprit de la loi, de régler la prescription à l'égard des cabaretiers sur la nature des fournitures qu'ils font : s'ils fournissent le logement et la nourriture, leur action ne doit durer que six mois [3]; car je ne vois point pourquoi ils ne seraient point assimilés dans ce cas aux hôteliers et traiteurs, *ubi eadem ratio, ibi eadem debet esse legis dispositio :* mais s'ils fournissent du vin et autres liquides ou objets faisant partie de leur commerce à des particuliers non marchands, leur action, à l'égard de ces fournitures, ne doit se prescrire que par un an, puisque la loi les range dans la classe des marchands. [4]

Lorsque les procès sont terminés, c'est-à-dire, jugés définitivement, les avoués s'empresseront, sans doute, d'exiger le paiement de leurs frais et salaires; car leur action, à cet égard, ne dure que deux ans, à compter du jugement des procès, ou de la conciliation des plaideurs, ou depuis la révocation de ces officiers ministériels. Mais il était juste de leur accorder un délai plus long pour réclamer leurs frais et salaires dans les procès non terminés, c'est-à-dire, dans ceux non décidés par un jugement définitif: dans ce cas leur action

---

1 Art. 128.
2 Répert., au mot *Cabaretiers.*
3 Art. 2271, Cod. civ.
4 Art. 2272, alinéa 3.ᵉ, *id.*

ne se prescrit que par cinq ans[1]. Les notaires et les agens d'affaires sont traités plus favorablement; leurs salaires ne se prescrivent que par trente ans.[2]

Une disposition commune aux trois sortes de prescriptions mentionnées dans les articles 2271, 2272 et 2273 du Code civil, consiste en ce qu'elles s'acquièrent lors même qu'il y a eu continuation de fournitures, livraisons, services et travaux. C'est à ceux au préjudice desquels elles courent, à prendre les précautions nécessaires pour en empêcher l'effet, soit en arrêtant un compte avec le débiteur, soit en obtenant de sa part la reconnaissance de la dette, soit en lui faisant donner une citation en justice, ou signifier tout autre acte capable d'interrompre la prescription.[3]

Quant à la prescription de trente ans et celles de dix et vingt ans, elles produisent à la fois et l'action et l'exception la plus péremptoire, en ce qu'elles terminent toute contestation et mettent celui qui les invoque à l'abri de toute espèce de recherches. Mais il n'en est pas de même quant aux trois sortes de prescriptions indiquées ci-dessus; il existe, à leur égard, une autre disposition, qui leur est commune, en ce que, n'étant fondées que sur une prescription de paiement, *præsumptio juris tantum*, qui doit céder à une preuve contraire, la loi permet à ceux auxquels elles sont opposées, de déférer le serment litis-décisoire à ceux qui les opposent sur le fait de savoir si la chose a été réellement payée. Le serment peut même être déféré aux veuves et héritiers, ou aux tuteurs de ces derniers, s'ils sont mineurs, pour affirmer, qu'ils ne savent point que la chose soit due par leur auteur.[4]

---

1 Art. 2273, Cod. civ.

2 Arrêt de la cour de cassation, du 18 Mars 1818.

3 Art. 2244 et suiv., et 2274, Cod. civ., et art. 57 du Cod. de proc. civ.; Cout. de Paris, art. 126.

4 Art. 2275, Cod. civ.; DUNOD, Tr. des prescript., p. 170.

Le Code admet aussi la prescription à fin de se libérer en faveur des juges et avoués, en les déchargeant cinq ans après le jugement des pièces à eux confiées. Cette prescription, pour les huissiers, n'est que de deux ans, qui commencent à courir depuis l'exécution de la commission ou la signification des actes dont ils étaient chargés.[1]

D'après l'ordonnance de Louis XII, de l'année 1510, la precription de cinq ans n'était applicable qu'aux arrérages des rentes constituées et des prix de fermes. La loi du 20 Août 1792 soumit à la même prescription les arrérages des cens et rentes foncières; mais non les intérêts des sommes prêtées, ni les pensions et rentes viagères, qui n'étaient prescriptibles que par trente ans. Notre Code a donné beaucoup plus d'extension à cette prescription, en ordonnant qu'en général, tout ce qui est payable par année ou a des termes périodiques plus courts, se prescrit par cinq ans[2]. Cette disposition du Code est un grand bienfait pour les débiteurs; elle a pour but d'empêcher leur ruine en les forçant de payer des arrérages accumulés pendant un grand nombre d'années, qu'ils auraient pu acquitter plus facilement chaque année, si les créanciers n'avaient pas négligé d'en demander le paiement. Au surplus, le texte de l'article 2277 du Code civil est général et s'étend à beaucoup d'autres cas, qu'il n'a pu spécifier : c'est ainsi qu'il a été jugé que cette prescription s'applique aux intérêts du prix de vente d'immeubles, tout comme aux intérêts des capitaux prêtés[3]. Les arrérages des rentes sur l'État sont soumis à la même prescription de cinq ans.[4]

Cependant il est essentiel de ne pas confondre les intérêts des sommes prêtées avec ce que l'on appelle les intérêts moratoires,

---

1 Art. 2276, Cod. civ.
2 Art. 2277, *id.*
3 Arrêt de la cour de Metz, du 29 Mai 1818.
4 Loi du 24 Août 1793, art. 156.

ou ceux qui résultent de jugemens, et qui, n'étant adjugés qu'à titre de dommages-intérêts, ne peuvent se prescrire par cinq ans, mais qui sont soumis à la même prescription que l'objet principal de la convention , dont ils ne sont que la suite et l'accessoire. [1]

Un autre caractère qui distingue toutes les prescriptions particulières mentionnées dans la dernière section du dernier titre du Code civil, c'est que, contrairement à la règle : *contra non valentem agere non currit præscriptio*, elles courent contre les mineurs et les interdits, sauf leur recours contre leurs tuteurs [2]. Il a fallu une disposition expresse à cet égard; car, en général, et sauf les cas d'exception spécialement indiqués par la loi [3], l'effet de la prescription est suspendu pendant le temps de la minorité, d'après la règle d'équité qu'elle ne court jamais contre ceux qui sont empêchés d'agir.

---

1 Jugé ainsi par un arrêt de la cour royale de Paris, du 2 Mai 1816.

2 Art. 2278, Cod. civ.; Dunod, Tr. des prescript., part. 3, chap. 1, p. 240 et 244.

3 Voy. par exemple les articles 1665 et 1676 du Code civil; 398 et 444 du Code de procédure civile; 64, 189, 443 et 444 du Code de commerce.

THESES EX JURE ROMANO.

De excusatione tutorum vel curatorum.

I.

Tutela est vis ac potestas ad tuendum hominem sui juris, qui propter ætatem se defendere nequit, jure civili data ac permissa.

II.

Cura est potestas administrandi res eorum, qui iisdem ipsimet superesse nequeunt.

III.

Tutores præcipue personis, curatores nonnisi rebus dantur.

IV.

Tutela est munus publicum, quod omnes cives subire tenentur, nisi ab eo legitima causa eos vel liberet vel arceat.

V.

Excusatio est itaque exceptio, vel allegatio legitimæ causæ ob quam tutela et cura suscipi nequeunt.

VI.

Est vel necessaria, vel voluntaria.

VII.

Necessaria reddit civem inhabilem, tutelam sive curam suscipiendi, atque a jam suscepta repellit.

VIII.

Voluntaria non reddit inhabilem et hinc non excludit volentem; sed liberat nolentem a tutela sive cura.

IX.

Excusationes voluntariae, tutoris, necessariae autem, rei publicae et pupilli gratia, introductae.

X.

Causae excusationis voluntariae ex duplici fonte, aliae enim ex singulari privilegio, alterae ex impotentia gerendi tutelam vel curam oriuntur.

XI.

Ad numerum liberorum in causa excusationis voluntariae, non referuntur illegitimi, nec nascituri, nec adoptivi neque mortui.

XII.

Tria onera tutelae vel curae et nonnunquam una tutela vel cura, causa excusationis voluntaria habentur.

XIII.

Qui non justo tempore causas voluntarias allegat, non excusatur a tutela vel cura, quia non ipso jure, sed tantum oppositae, prosunt.

XIV.

Hinc omne periculum antequam opponantur, ad eum qui tutor vel curator datus, spectat, quemadmodum si causae tanquam falsae rejiciuntur.

XV.

Causae excusationis necessariae ipso jure effectum sortiuntur.

FINIS.